¡Apúntate! 2

Manuel Vila Baleato

¡Desconecta!

Unter www.cornelsen.de/codes gibt es als kostenlosen Download:
- das Hörbuch zu *¡Desconecta!*
- passende Arbeitsblätter.

Gib einfach folgenden Webcode ein: **qiwebi**

Cornelsen

1 Así soy yo

En su cama, con el ordenador sobre sus piernas, Blanca mira otra vez toda la información en la pantalla antes de publicar su perfil en la red social «CONECTA», la red social más popular entre los chicos y chicas de su edad.

Perfil

Usuario:	bLanc4_<3
Nombre:	Blanca
Apellidos:	P. A.
Cumpleaños:	14 de julio
Me gusta…	CANTAR, CANTAR y CANTAR, pero también me gusta mucho el teatro y salir con mis amigas, bailar, ver series y vídeos… ¡y mi perra Trisca!
Me interesa…	Hacer amig@s, chatear sobre nuestras cosas, compartir fotos y vídeos de música… ¡Ah, y también me interesan los libros y los cómics!
Asignaturas favoritas:	Matemáticas y, por supuesto, MÚSICA
Frase favorita:	…

El verano pasado Blanca cumplió 14 años y por eso, como casi todos su amigos y compañeros del instituto, ya puede tener oficialmente un perfil propio en «CONECTA».
Muchos de sus compañeros ya hicieron su perfil con 13 años (o incluso antes), pero sus padres son un poco estrictos con todo eso de Internet y por eso tuvo que esperar hasta su cumple.

Primero Blanca solo subió un par de fotos chulas a la página de Internet: ella y su perra en la playa, en otra imagen está bailando con sus amigas en una fiesta en su casa, en otra está en el Parque del Retiro en Madrid… Pero entonces también empezó a publicar vídeos con sus propias canciones. A sus amigos y compañeros de clase les gustaron mucho, y poco después muchos las compartieron en sus propios perfiles y en otras redes sociales. Y por eso ahora Blanca es una chica muy popular en todo el instituto.
A sus padres no les gustó nada la idea, pero los dos saben que la música es algo más que un sueño para su hija. Después de hablar más de dos horas del tema, y sin olvidarse de que las notas de Blanca son muy buenas en todas las asignaturas, finalmente sus padres aceptaron su actividad en la red.

Blanca termina los cambios en el perfil que hizo casi cuatro meses antes. Lee otra vez todo y por fin escribe su frase favorita: «Lucha hasta el final para alcanzar tus sueños». Después de escribir estas palabras en su ordenador, mira todo de nuevo y piensa: «Ahora sí. Esta soy yo».

2 Enganchada a la red

A las ocho menos cuarto la canción favorita de Blanca empieza a sonar en su móvil, que está en el suelo, al lado de su cama. Después de coger el teléfono y desactivar el modo avión, mira sus perfiles en las redes sociales: tiene 7 mensajes nuevos y 39 «me gusta». Todavía en la cama, contesta un par de mensajes y ve las fotos de sus amigos virtuales.

Cuando termina, ve en el móvil que ya son las ocho y se levanta para ducharse muy rápido.

Mientras desayuna en la cocina, Blanca tiene su teléfono en la mesa, aunque a sus padres eso no les gusta nada. Su madre le dice «adiós» mientras termina su café y se va rápido a su trabajo. El padre de Blanca está poniendo unos platos en el armario y se enfada cuando la ve con el móvil:

Blanca termina su zumo, coge su mochila y sale de casa para ir al instituto. En el metro escucha música en su móvil y contesta mensajes o ve las fotos nuevas de sus amigos en las redes sociales.

Cuando llega al instituto tiene que esconder su teléfono en la mochila porque los alumnos solo pueden usar sus móviles en las clases cuando el profesor lo dice antes. En los recreos, los chicos y chicas no pueden sacar sus teléfonos ni usar tabletas o sus ordenadores.

A Blanca y a muchos de sus compañeros no les parece justo todo eso, pero la nueva directora es súper estricta y no quiere escuchar la palabra «móvil». Muchos profesores sí están a favor del uso de los teléfonos, sobre todo porque el instituto tiene una plataforma digital y allí los alumnos pueden ver si hay cambios de horario, si falta algún profesor o si tienen clase en un aula diferente. Pero la directora y algunos profesores ya no quieren móviles en el instituto porque el curso pasado tuvieron un problema bastante grande. Un alumno sacó una foto de un profe en la pizarra y después la puso en un grupo de chat de los compañeros de clase. ¡Y vaya rollo tuvieron toda la semana!
Blanca y sus amigos creen que no es justo: ¿por qué tienen que pagar todos por el error de uno?

3 Actividades extraescolares

Después de seis horas de clase, los alumnos del Instituto Piovera por fin salen de clase. Blanca y sus amigos Carla, Alejandra y David ven en el tablón de anuncios las actividades extraescolares del año que empieza:

TABLÓN DE ANUNCIOS

Equipo de fútbol femenino

¿Quieres ser como Vero Boquete, la capitana de la selección española de fútbol femenino? Si te gusta jugar al fútbol y quieres seguir sus pasos, puedes empezar con nosotras. ☺
Ven al estadio del instituto todos los martes de 16:30 a 18:00.

Taller de fotografía y vídeo

Con una aplicación muy fácil de usar, vamos a aprender a hacer películas y vídeos. Solo necesitas tu móvil y muchas ganas de aprender.
Te esperamos los jueves de 17:30 a 19:00 en la Sala de vídeo 2.

Después de leer los anuncios, Blanca mira a sus tres amigos y les dice muy contenta que ella ya sabe qué actividad extraescolar quiere hacer.

4 ¡Apúntate!

—¡Yo me voy a apuntar al taller de fotografía! —dice Alejandra muy contenta. Estoy ahorrando casi la mitad de mi paga cada semana para comprarme un móvil nuevo. Ahora hay unas aplicaciones muy chulas que puedes descargar gratis, y si el teléfono es bueno, puedes hacer unas fotos increíbles.

—¡No sé cómo lo haces, a mí la paga nunca me alcanza! —contesta David.

—¡Yo siempre me pregunto en qué gastas todo tu dinero! —le dice Alejandra.

—¿Yo? ¿En qué? En comidas y bebidas en el instituto —contesta David.

—¡Y en videojuegos para tu consola, que eres un bicho raro! —le dice Carla muy cariñosa. Yo lo tengo claro: ¡voy a jugar en el equipo de fútbol del instituto!

Blanca todavía está mirando el tablón de anuncios y piensa mientras sus compañeros hablan.

—¿Qué estás pensando? —le pregunta Alejandra. Todos sabemos que te vas a apuntar al musical... te encantan la música y el teatro, y cantas fenomenal. Está bastante claro, ¿no?

—¡Pues yo también voy a participar en el musical! —dice David muy contento.

—¿Tú? —le pregunta Carla con una sonrisa. ¿Pero a ti te gusta cantar o bailar?

—No, pero sé que necesitan también gente para otras cosas, y yo puedo ayudar un poco con la parte técnica, o con mi ordenador con la música...

—Ya, y así también puedes estar todo el día con Blanca, claro... —le dice Carla a David, que se pone rojo como un tomate.

Por suerte, Blanca está despistada y no escucha las palabras de Carla porque está sacando una foto con su móvil.

5 Problemas con la familia

Cuando llega a casa, Blanca lee los comentarios de su última foto en «CONECTA».

Antes de cenar, Blanca les cuenta a sus padres que va a participar en el musical. Como casi siempre, su padre está en contra, porque piensa que la actividad va a costar muchas horas de tiempo a su hija. Su madre tampoco está muy segura, pero luego, también como siempre, Blanca los convence.

—Pero ya sabes: ¡Sin olvidarte de los exámenes, que te conozco! —le dice también su madre.

Después de cenar, toda la familia de Blanca está viendo la televisión en el salón. El padre también lee a veces mensajes en su teléfono.

Después de un rato, Blanca se levanta para irse a su habitación a dormir, pero entonces su padre le dice:
—Por cierto, ayer llegó la factura y vi que el mes pasado necesitaste otra carga del móvil.
—¿Sí? —pregunta Blanca un poco nerviosa.
—¡Mírala! —su padre le da la factura a Blanca.
—Bueno, sí, creo que me pasé un poquito con el consumo en las últimas semanas.

El padre de Blanca mira a su mujer y después le dice a su hija:
—Sabes que tenemos un acuerdo sobre el tiempo para usar el teléfono e Internet, ¿recuerdas?
—Sí, pero es que...
—El problema es que estás todo el día enganchada al móvil y por eso no te alcanza hasta el final del mes. —le dice su padre.
—Vosotros también lo usáis todo el día... —contesta la hija.
—¡Para el trabajo! —dice su madre.
—¿Mirar los resultados de fútbol también es trabajo? —pregunta Blanca.
—¡Blanca! —se enfada su padre — ¡Me da lo mismo! ¡Ya vale!
—Ya veo, así terminas tú con todos los problemas, pero vosotros también estáis todo el día enganchados a vuestros móviles, ¿o no?

Sin esperar una respuesta, Blanca cierra la puerta y se va a su habitación después de un rápido «buenas noches».

6 Primer día de musical

Al día siguiente, Blanca se levanta y enciende la radio de su habitación. Blanca lo pasa mal cuando discute con sus padres y sabe que a ellos tampoco les gustan esas situaciones. Pero con la primera canción ya se olvida de los problemas en casa y recuerda que por la tarde tiene su primer día de musical.

Cuando por fin terminan las clases, Blanca va con su amigo David al teatro del instituto. Allí ya hay un montón de estudiantes que charlan contentos y un poco nerviosos. Un momento después entra Marta, la profesora de Música que organiza esta actividad extraescolar.

—¡Vaya! ¡Hola a todos! Es fenomenal ver que el musical le interesa a tanta gente. Y me alegro mucho, porque esto es mucho más que un grupo de teatro normal. Claro, necesitamos actores y actrices, pero también chicos y chicas para cantar, para ayudar con la organización...

—¿Para qué? —pregunta David que quiere participar, pero no tiene ganas de hacer teatro o de cantar.

—Pues... necesitamos, por ejemplo, ayuda con la técnica, la ropa y la cosmética... Hacer un musical es algo muy difícil. Hay que ensayar mucho y es un desafío importante, pero la experiencia va a ser genial.

Un chico de la clase de Blanca que se llama Rodrigo le dice a la profesora:

—¡Tranquilo, Rodrigo! Vamos a organizar todo juntos —le contesta Marta.
La profesora explica por fin todo a los jóvenes, que escuchan con mucha atención. Ella les dice que en la primera semana quiere tener ya los diferentes grupos de trabajo y decidir quién va a ser la protagonista.
Al final, David está con Rodrigo y dos chicas de cuarto de ESO en el grupo de técnica, ropa y decorado. Después de la primera hora, Marta ya tiene a casi todos los actores y actrices, pero hay dos personas para la protagonista. La primera alumna es Blanca, la segunda chica es Vanesa, una compañera que está en su clase. Las dos cantan genial y son muy buenas, pero solo una lo puede hacer. Marta les cuenta que lo va a decir al final de la semana.

Para terminar con el primer ensayo, Marta habla otra vez con todo el grupo:
—No tenemos mucho tiempo, y por eso vamos a ensayar dos veces por semana hasta la presentación del musical. Hay que trabajar mucho, pero estoy segura de que va a quedar todo muy bien. Si amáis la música y estáis un poco locos, entonces aquí estáis en el lugar ideal. ¡Lo vamos a pasar fenomenal!

7 Una semana desconectados

Blanca pasa toda la semana un poco nerviosa porque tiene muchas ganas de ser la protagonista del musical del instituto. En su perfil en «CONECTA» a muchos amigos les gusta la foto que subió en el teatro el día del primer ensayo. Cuatro o cinco chicos también le dicen que va a ser una actriz fenomenal.

Blanca quiere ese papel, pero sabe que Vanesa canta muy bien. Su compañera de clase también tiene vídeos en las redes sociales y muchos amigos y fans que comentan sus fotos. Blanca las mira en su móvil y ve que un chico le pregunta si va a ser ella la protagonista del musical.

Cuando lee los comentarios, Blanca piensa que no le gusta la idea de ser rival de Vanesa porque no quiere problemas con ella o con otros compañeros.

El miércoles, a quinta hora, la directora del instituto entra de repente en tercero B, la clase de Blanca y sus amigos.

—¡Buenos días! Estoy aquí para dar una información importante. Como sabéis, en septiembre hicimos cambios en las normas y por eso ya no podéis usar vuestros móviles en el instituto. Pues bien, ahora tenemos una nueva propuesta para la semana que viene. La verdad es que es un desafío para todos nosotros, también para los profesores, pero creemos que hay que discutir los cambios que nos trae Internet, con sus ventajas y desventajas...
—¿De qué desafío estás hablando? —pregunta una alumna a la directora.
—Pues es algo muy fácil. Nosotros estamos a favor de un uso normal de Internet y las redes sociales, sin embargo creemos que si estamos durante una semana desconectados totalmente…
Los chicos empiezan a hablar entre ellos, un poco nerviosos, y la directora les pide silencio:
—¡Tranquilos, por favor! ¡Silencio! Sabemos que los medios son muy importantes para vosotros, que los usáis todos los días, no obstante pensamos que con este proyecto vamos a lograr resultados muy buenos. La idea es estar desconectados todo el día, en casa y en el instituto. Vamos a vivir una semana sin Internet, ¿qué os parece?

8 La protagonista del musical

A casi todos los alumnos del IES Piovera el proyecto «Una semana sin móvil» les parece una mala idea: «¿A quién le puede gustar una idea así?», «¿Cómo vamos a ver los cambios en el horario?», «¿Qué hago si tengo que hacer una foto de algo?», «¿Dónde busco la información para mis deberes?», «¿Quién me dice los resultados de los partidos de fútbol?», y «¿Todo eso para qué?»
Todos los chicos y chicas del instituto dicen que conocen a alumnos que están enganchados al móvil, a las redes o a los juegos en Internet, pero nadie dice que él mismo tiene ese problema.

En el instituto todos hablan sobre el proyecto cuando el jueves Marta, la profesora de Música, quiere hablar con el grupo del musical sobre quién va a ser la protagonista.

Blanca está al lado de David y Rodrigo coge la mano a Vanesa. Las dos están bastante nerviosas y todos los alumnos y alumnas escuchan con atención.

—¡Hola, chicos! La verdad es que fue difícil, pero ayer hablé con la directora y tuve que darle el nombre de la protagonista del musical.

Después de un momento de silencio delante de todo el grupo, Marta sigue con sus palabras:

—Las dos alumnas cantan muy bien y son muy buenas actrices, pero el papel de protagonista es para...

9 Deberes de Matemáticas

Como Blanca canta realmente bien, a casi todos sus compañeros les parece justo el resultado y se alegran un montón. Marta va a hablar con Vanesa, que está bastante triste.

Por la tarde, Blanca copia una de las frases que dice su papel en el musical y pone una foto en «CONECTA» para todos sus amigos virtuales. Muy pronto, muchos chicos y chicas empiezan a escribir comentarios.

Cuando Blanca lee el último comentario, entiende que seguramente Vanesa se siente mal y piensa que tal vez es mejor borrar la foto. Pero en ese momento llegan a casa sus padres y Blanca les dice que está muy contenta porque va a hacer el papel más importante en el musical.
Después de contestar un montón de mensajes y comentarios de sus amigos en las diferentes redes sociales durante casi 50 minutos, Blanca mira la hora y piensa «¿Las siete y media? ¡Y todavía tengo que hacer los deberes de Matemáticas!». Media hora más tarde, a las ocho, recibe un mensaje de su amiga Alejandra:

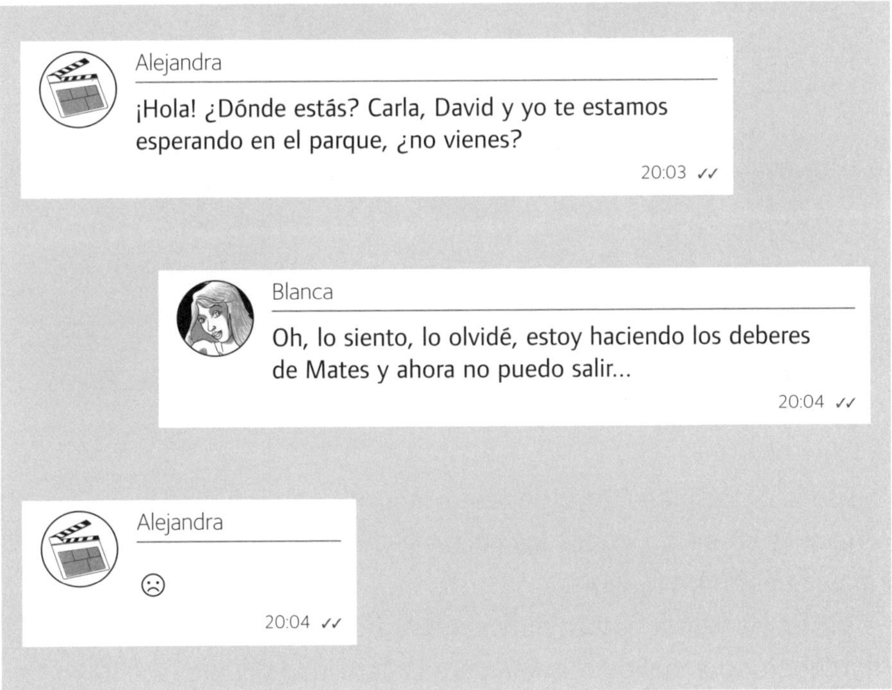

Antes de seguir con los deberes, Blanca mira si tiene mensajes nuevos en «CONECTA». Después coge de nuevo su libro y su cuaderno de Matemáticas y se olvida totalmente de la foto.

10 Festival escolar nacional

El viernes a las cuatro de la tarde todos los alumnos que preparan el musical están ya en el teatro para empezar a trabajar juntos.

Después de casi dos horas de teatro, música y pasos para bailar las canciones en grupo, todos los chicos y chicas se alegran porque empieza el fin de semana.
La profesora Marta parece muy contenta con el trabajo y habla con todo el grupo antes de terminar con la actividad del día:

—¡Muy bien, chicos! Para terminar os quiero contar algo. Ayer me enteré de que el «Festival escolar nacional» de este año es en Valencia. ¿Lo conocéis? Muchos chicos contestan con un «Noooo» muy largo y Marta sigue después de un momento:

—Todos los veranos hay un festival de música para alumnos de todos los institutos de España. Cada comunidad autónoma manda a una chica o un chico que sus compañeros votaron antes.

—¿Cómo? —pregunta Vanesa con mucha atención.

—Si queréis participar, es muy fácil. Primero hay que subir un vídeo a una plataforma en Internet. El año pasado participaron más de mil jóvenes de todo el país. En segundo lugar, tus compañeros te pueden votar en la plataforma. El tercer paso es viajar a Valencia, y allí solo puede viajar el o la cantante con más votos de cada comunidad autónoma.

—¿Y cuándo podemos subir los vídeos? —pregunta Blanca.

—Todavía tenéis 10 días, pero subidlos si queréis el fin de semana…

—Sí, sobre todo porque la semana que viene vamos a estar desconectados del mundo, ¿verdad? —dice David un poco triste.

Rodrigo mira a Vanesa y le dice:

11 Algunos compañeros dicen...

Cuando salen del teatro, todos los chicos y chicas charlan sobre el festival.

—Me encanta la idea de subir un vídeo con una canción a la plataforma del festival —dice Vanesa.

—Y yo creo que puedes ganar, porque cantas genial —le dice Rodrigo mientras saca su móvil de la mochila y busca información sobre el festival.

—A mí también me interesa. No sé si es normal, pero también podemos cantar una canción juntas y participar como grupo. Creo que lo podemos intentar ¿qué te parece? —le pregunta Blanca a Vanesa.

—Pues no sé, pero… —contesta Vanesa mientras mira a su amigo Rodrigo.

—¡No tenemos tiempo para preparar algo juntos! —dice Rodrigo todavía con su móvil en la mano. —Además, ya tenemos una idea genial para el vídeo. Y a Vanesa le encanta nuestra ciudad y es la chica ideal para presentar a nuestra comunidad en Valencia, pero todos sabemos que a ti no te gusta Madrid…

—¿Pero qué estás diciendo? ¿A mí? —pregunta Blanca, que no entiende ni jota.
—Sí, algunos compañeros dicen que no te gusta nada Madrid, que te parece horrible y que quieres vivir en otra ciudad... —contesta Rodrigo.
—¿Quién cuenta eso? Yo no pude decir que Madrid es horrible y que no me gusta nada vivir aquí porque no es verdad. A mí me encanta esto. Y no le conté a nadie que quiero irme de aquí, que me gustaría vivir en otra ciudad... ¡Todo eso no es verdad! —dice Blanca con cara de susto y mira a sus compañeros del musical.
—No sé, pero mejor si no participamos juntas, ¿vale? —le dice Vanesa.
David, que está al lado de Blanca, intenta ayudar a su amiga y contesta:
—Claro, no hay problema, nosotros vamos a subir nuestra propia canción... ¡Mucha suerte!

12 Made by Blanca

Después del susto enorme que tuvo cuando escuchó las palabras de Rodrigo, Blanca intenta olvidar el tema. Por suerte, sus amigos también le dicen que no les parece importante.
—Seguro que alguien entendió mal un comentario o algo que contaste sobre otra ciudad... —le dice Carla muy cariñosa.

Durante el fin de semana, Blanca trabaja mucho y prepara todo para participar en el festival. Además de cantar su canción favorita, quiere ponerse algo diferente para el vídeo, y por eso mira un tutorial en una página de Internet. En solo cinco pasos hace su camiseta con un diseño propio.

Primer paso: Después de dibujar tu diseño en la camiseta, ponla sobre la tabla de planchar.

Segundo paso: Coloca un cartón dentro de la camiseta.

Tercer paso: Saca punta a los lápices de cera y rellena el dibujo con las virutas de colores.

Cuarto paso: Tápalo con papel vegetal y pasa la plancha por encima.

Quinto paso: Quita el papel. Hay que esperar un poco... ¡y ya está listo!

¿Te gusta nuestro tutorial? ¡Entonces, escríbenos! Saca fotos de tu diseño y publícalas en nuestra web.

Al final, Blanca está contenta con el resultado. Se pone su camiseta y canta su canción favorita.

Con la ayuda de su amigo David, preparan el vídeo y lo suben a la plataforma del festival. Poco después, Blanca lo comparte también en «CONECTA» y sus amigos empiezan a comentar y a publicar en todas las redes sociales.

El domingo, antes de irse a la cama, Blanca mira la plataforma del festival. Casi no puede creer lo que ve:

23° FESTIVAL ESCOLAR NACIONAL –
Vídeos con más votos en Madrid:

	Nombre	**Canción**	**Votos**
1°	bLanc4_<3	Así soy yo	253 votos
2°	Vanesa15	Mi sueño	211 votos
3°	Albertmusic	¡No estoy solo!	187 votos

13 Desconectados

El lunes, cuando Blanca llega al instituto, todos los chicos y chicas están hablando del festival escolar nacional. Casi todos miran sus móviles una última vez antes de entrar y empezar la semana de desconexión total. Un póster enorme en la puerta del instituto les recuerda que hasta el viernes van a estar desconectados del mundo virtual.

Después de dejar sus teléfonos en un armario en la dirección del instituto, los chicos pasan un día normal de clases y nada es muy diferente, porque allí los alumnos casi nunca usan sus móviles. Pero cuando termina la última hora de clase empiezan los cambios: nadie puede escribir un mensaje si va a llegar tarde a un lugar, tampoco pueden mirar a qué hora llega el autobús y muchos tienen que ir a la biblioteca para buscar información para sus deberes.

Después de solo una tarde sin móvil, muchos estudiantes del IES Piovera ya están hartos y no quieren seguir con el proyecto.

El martes, en la primera hora, en todas las clases los profesores hablan sobre la experiencia con sus alumnos:

—¡Esto es horrible! ¿Para qué lo hacemos? ¡Yo quiero mi móvil!
—dice un chico bastante nervioso.

—¡Sí, es verdad! Yo no lo entiendo. Necesito mi teléfono para un montón de cosas: leer las noticias, sacar fotos de momentos importantes, chatear con mis amigos, llamar a mis padres... —se enfada también otra chica. —¡Y para ver los resultados y el número de votos en la página web del festival escolar nacional!
—Yo ayer estuve más de media hora para hacer un ejercicio de Ciencias Naturales, y eso porque el bibliotecario me ayudó a buscar los libros, que si no... Para algo así, si puedes usar Internet, estás listo en diez minutos.

El profesor ve que casi todos los alumnos están en contra del proyecto, y hace una pregunta a todos:
—Vale, vale... Por un lado veo que necesitáis vuestros móviles y hasta puedo aceptar que con ellos hacéis algunas cosas más rápido, pero por otro lado, me imagino que la desconexión también tiene ventajas, ¿no?
Como respuesta, el profesor solo recibe un silencio muy largo.

14 Examen de Matemáticas

El miércoles por la tarde, después de estar tres días sin sus teléfonos móviles, muchos de los chicos empiezan a ver algunas ventajas de estar desconectados de la red. Casi todos cuentan que pasan más tiempo con sus amigos, que hablan más con sus familias… ¡algunos dicen que hasta duermen mejor!

En la clase de Blanca, la profesora de Música habla con ellos en la última hora del día:

—Es verdad que con los móviles perdemos mucho tiempo con cosas que no son importantes… —dice un chico.

—Yo me alegro porque ayer quedé con mis amigos en el parque y hablamos de nuestras cosas… ¡durante dos horas y media sin móviles! —dice Blanca. —Eso mola mucho… pero a mí también me gustaría ver los votos para el festival en la red… Solo faltan cuatro días para saber el resultado y ya estoy un poco nerviosa…

—Bueno, tranquila… el viernes por la tarde vais a recibir vuestros móviles y todavía tienes el sábado y el domingo… —le dice la profesora.

El jueves, después del instituto, Blanca y todos su compañeros estudian para el examen de Mates que tienen el viernes.

Cuando al día siguiente termina el examen y dan sus cuadernos al profesor, casi todos están muy contentos:
—¡Qué guay! Creo que esta vez voy a tener un notable —se alegra Carla.
—¡Yo también! Es que ayer estudié casi tres horas sin pausa… —dice David.
—Ya, yo igual… ¡Es que sin móvil es más fácil hacerlo con más atención, ¿verdad? —pregunta Alejandra.
—¡Pues sí, la verdad! ¡Pero eso no lo pueden escuchar los profes! —contesta Blanca con una sonrisa.

15 ¡Ahora lo entiendo todo!

Después de comer juntos en el comedor del instituto, los alumnos ya no hablan del examen y solo piensan en sus móviles.
Antes de ir al teatro para empezar con el ensayo del musical a las cuatro de la tarde, los chicos van a la dirección para recibir sus teléfonos. La directora habla un momento con ellos antes de abrir el armario:

Pero los chicos ya no escuchan con mucha atención, solo cogen sus teléfonos y dicen «gracias» y «adiós», ya con los ojos en sus móviles.
Vanesa y Blanca abren muy rápido la página del festival escolar nacional. Vanesa se alegra un montón cuando ve los resultados, Blanca pone cara de susto.

23° FESTIVAL ESCOLAR NACIONAL –
Vídeos con más votos en Madrid:

	Nombre	Canción	Votos
1°	Vanesa15	Mi sueño	411 votos
2°	Albertmusic	¡No estoy solo!	369 votos
3°	PauPaz	Bebida para dos	326 votos
4°	bLanc4_<3	Así soy yo	282 votos

Los amigos de Blanca ven su cara y David le pregunta:
—¿Qué pasa? ¿Está todo bien?
—Nada, que ya no estoy en primer lugar para el festival. Ahora soy la cuarta en número de votos —contesta Blanca un poco triste.
—¿Cómo? —dice Alejandra, mientras David coge el teléfono de su amiga en la mano.
Vanesa está muy contenta y le da un abrazo y un beso a su amigo Rodrigo. Blanca se sienta en el suelo y solo un minuto después David le enseña de nuevo el móvil:

16 Comentarios con audios

Cuando todos los chicos ya se van al teatro y Blanca y sus amigos están solos, David les enseña los comentarios que hay en el chat de la página web:

DarkPower

¡Blanca no puede ganar! ☹ ¿Cómo podéis votar a una chica que quiere irse de Madrid? A ella esta ciudad le da lo mismo y no le gusta vivir aquí... Escuchad los audios: ¡LO DICE ELLA!

🔊 «Madrid es horrible»

🔊 «No me gusta nada vivir aquí»

🔊 «Quiero irme de aquí, me gustaría vivir en otra ciudad»

SoniaFC

¡Es increíble! ¡Basta! ¡NI UN VOTO MÁS a Blanca!

Antonio11

¡No podemos mandar a Blanca en nombre de nuestra comunidad al festival!

Los cuatro amigos casi no lo pueden creer. Blanca se siente fatal y no entiende nada:

—¡No puede ser! ¿Quién puede hacer algo así?

—¡Es muy fácil! ¿Quién gana con esos audios? ¡Vanesa! —le dice Carla.

—Pero son falsos... ¡Claro, es mi voz, pero lo que dicen no es verdad! ¡Yo pienso exactamente lo contrario!

—¡Es verdad! ¡Son tus palabras del viernes pasado, cuando salimos del ensayo! —dice David.

—¡Sí, pero no son las frases completas! —contesta Blanca.
—¡Hay que hacer algo! ¡Vamos a hablar con Marta! —dice Alejandra.
—¿Y ella qué puede hacer? ¡Ella solo es nuestra profe de Música, pero no organiza el festival! —dice Blanca.
—¡Pues vamos al teatro y hablamos con Vanesa! —se enfada otra vez Carla.
—¡Lo siento, ya no tengo ganas! Muchas gracias, en serio, pero ya da lo mismo... ¡Me voy a casa! —dice Blanca muy triste.

17 Solo dos días más

Ya en su habitación, Blanca lee todos los mensajes y comentarios que le llegaron durante los últimos días a «CONECTA» y otras redes sociales. Casi todos sus amigos virtuales escucharon los audios y aunque son falsos, ahora casi todos creen que Blanca realmente piensa así.
Su número de fans es mucho más pequeño que una semana antes. Muchos le escribieron mensajes bastante fuertes y después la borraron como amiga.
Después de una noche horrible, Blanca se levanta el sábado por la mañana, deja el móvil en su habitación y desayuna con sus padres. Solo una hora más tarde, Carla, Alejandra y David, los mejores amigos de Blanca, ya están con ella en su casa para ayudarla en un momento tan difícil:

—¡Yo creo que hay que decir algo! ¡El director del festival tiene que saber que los audios son falsos! —dice Carla.
—Primero, claro que lo podemos decir, pero no sé si nos van a creer. En segundo lugar, la votación termina mañana y no hay tiempo. Todos los jóvenes que votaron quieren saber quién es el alumno de Madrid que va a cantar en el festival —les cuenta David.
—¡Vanesa dice que ella siempre quiere ganar, pero esto me parece increíble! ¿Cómo pudo hacer algo así? —se enfada otra vez Carla.
—¡Hay que hacer algo! Tenemos que escribir comentarios para decir que los audios son falsos. ¡Lo tenemos que intentar! —dice Alejandra.
—¡Muchas gracias por vuestra ayuda, en serio! —se alegra Blanca de tener amigos así, amigos de verdad.

Después de escribir durante toda la tarde en el chat de la web del festival y en las diferentes redes sociales, muchos jóvenes empiezan a creer que los audios de Blanca son falsos. Por la noche, cuando ya los chicos se van a sus casas, David mira la web del festival para ver el resultado en ese momento, unas 20 horas antes del final de la votación:

23° FESTIVAL ESCOLAR NACIONAL –
Vídeos con más votos en Madrid:

	Nombre	**Canción**	**Votos**
1°	Vanesa15	Mi sueño	454 votos
2°	bLanc4_<3	Así soy yo	395 votos

18 Resultado final

El domingo por la mañana la profesora de Música les manda a todos los participantes en el musical un mensaje:

Marta

Hola a tod@s ☻ Ya sabéis que hoy a las seis de la tarde vamos a saber quién va de nuestra comunidad al festival escolar. Si queréis ver el resultado en la red conmigo, podéis venir al teatro a partir de las cinco y media.

08:03 ✓✓

Después de un rato, los amigos de Blanca la convencen para ir al teatro con los otros del grupo.
Cuando los cuatro amigos llegan, ya hay un montón de compañeros allí, pero nadie ve a Vanesa en el teatro. Muchos chicos y chicas piensan que ella no va al instituto porque le da corte, después de publicar los audios falsos.

Durante las últimas horas, Blanca recibe más votos que su compañera, pero Vanesa sigue en primer lugar. Cuando ya solo faltan 20 minutos para el final, la página del festival deja de enseñar los números en directo.

A las seis en punto de la tarde, y con el teatro lleno de alumnos y alumnas del instituto, Vanesa abre la puerta. Detrás de ella viene también Rodrigo. Todos los chicos se callan, mientras pueden ver en la pantalla enorme del teatro que ya llega el momento de la verdad:

Blanca pone las manos delante de la cara. Algunos alumnos se alegran, pero otros compañeros se enfadan y dicen que no es justo. Pero entonces Vanesa les pide silencio y habla a todo el grupo:

—Estoy aquí para decir que no voy a ir a Valencia. Lo siento mucho, Blanca. Quizás no me vas a creer, pero yo no corté ni publiqué tus audios. No quiero ganar así y por eso voy a hablar con el director del festival para encontrar una solución. ¡A Valencia tienes que ir tú!

Detrás de ella, Rodrigo dice:
—Disculpa, Blanca, en serio. Yo soy DarkPower, y fui yo solo quien lo hizo todo, sin Vanesa. Lo siento mucho.

Marta y todos los compañeros del IES Piovera miran a los dos chicos, que parecen muy tristes. Blanca, todavía un poco nerviosa, se levanta y le da un abrazo a Vanesa.

—Creo que con esta experiencia estamos aprendiendo todos un montón. Ahora sé que mis amigos de verdad no están detrás de una pantalla y que todos, a veces, hacemos errores... ¿Qué te parece si cantamos las dos juntas en el festival?

FIN

Los capítulos

Vocabulario

Der Lernwortschatz ¡Apúntate! 2 *Nueva edición, Unidad 6* ist mit einem Sternchen* gekennzeichnet.

Symbole und Abkürzungen

etw.	etwas
inf.	infinitivo (Infinitiv)
jdm	jemandem
jdn	jemanden
pl./Pl.	plural (Plural)
sust./S.	sustantivo (Substantiv)

A

aceptar algo* etw. akzeptieren

el **actor,** la **actriz** der/die Schauspieler/in

el **acuerdo*** die Abmachung

ahorrar (algo)* (etw.) sparen

alcanzar* ausreichen

algunos, algunas einige

amar algo* etw. lieben

la **aplicación,** las **aplicaciones*** *pl.* die App

la **ayuda*** die Hilfe

B

la **bebida*** das Getränk

el/la **bibliotecario/-a*** der/die Bibliothekar/in

el **bicho raro*** der Freak, der Sonderling

borrar algo* etw. löschen

C

cada* jede/r, jedes; alle

el **cambio*** die Änderung

la **canción,** las **canciones*** *pl.* das Lied

el **capitán,** la **capitana** *hier:* der/die Mannschaftskapitän/in

la **cara** das Gesicht

la **carga del móvil*** das Handyguthaben

coger nehmen, aufheben

colocar algo* etw. stellen, legen

comentar algo etw. kommentieren

el **comentario** der Kommentar

como* da (Konjunktion)

el **consumo*** der Konsum

estar en contra de algo* gegen etw. sein

lo **contrario** das Gegenteil

convencer a alguien (c → z)* jdn überzeugen

copiar algo* etw. abschreiben, kopieren

la **cosmética*** die Kosmetik

D

dar lo mismo a alguien* jdm egal sein

decidir entscheiden

el **decorado** das Bühnenbild

dentro de* in, in … hinein

desactivar deaktivieren

el **desafío*** die Herausforderung

descargar algo* etw. herunterladen

estar desconectado/-a* offline sein

desconectar ausschalten, abschalten

la **desconexión** das Ausschalten, das Abschalten

la **desventaja*** der Nachteil

dibujar algo* etw. zeichnen

el **diseño*** *hier:* das Muster

durante während

E

encantar a alguien* jdm sehr gefallen

en directo live

enfadarse (con alguien)* sich ärgern (über jdn)

estar enganchado/-a (a algo)* süchtig sein (nach etw.)

¿en qué?* *hier:* wofür?

el **ensayo** die Probe

enterarse de algo* etw. mitbekommen

entre zwischen, unter

el **error** der Fehler

exactamente genau

la **experiencia*** die Erfahrung

explicar algo etw. erklären

F

la **factura** die Rechnung

falso/-a falsch

el/la **fan*** der Fan

estar a favor de algo* für etw. sein

a final de* + *sust.* gegen Ende des/der + *S.*

finalmente endlich

G

gastar algo (en algo)* etw. (für etw.) ausgeben

H

hasta* *hier:* sogar

hay que* + *inf.* man muss + *Inf.*

horrible schrecklich

I

interesar a alguien* jdn interessieren

J

ser justo/-a* gerecht sein

L

el **lápiz de cera**, los **lápices de cera*** *pl.* der Wachsmalstift

estar listo/-a* fertig sein

lleno/-a voll

estar loco/-a* verrückt sein

lograr algo etw. schaffen, erreichen

luchar kämpfen

M

los **medios*** die Medien

el **«me gusta»** der „Like“

mientras während

la **mitad*** die Hälfte

el **modo avión** der Flugmodus

el **musical** das Musical

N

ni un/a … más kein/e … mehr

no obstante* dennoch, trotzdem

la **norma** die Norm, die Richtlinie

ser normal* normal sein

las **noticias** *pl.* die Nachrichten

O

oficialmente offiziell

la **organización** die Organisation

P

la **paga*** das Taschengeld

la **pantalla** der Bildschirm

el **papel** *hier:* die Rolle

el **papel vegetal*** das Transparentpapier

¿para qué?* wozu?

un par de … ein paar …

parecer (c → zc) a alguien* jdm scheinen, etw. finden

pasar la plancha por encima de algo* über etw. bügeln

pasarlo mal* jdm schlecht ergehen

pasarse *hier:* übertreiben

el **paso*** der Schritt

la **pausa** die Pause

el **perfil** das Profil

la **plancha*** das Bügeleisen

la **plataforma del instituto*** die Plattform der Schule

ser popular* beliebt sein

un poquito* ein kleines bisschen

por un lado, … por otro lado* einerseits, … andererseits

el/la **primero/-a*** *(+ sust.)* der/die/das erste *(+ S.)*

propio/-a* eigene/r, eigenes

el/la **protagonista** der/die Protagonist/in

el **proyecto** das Projekt

publicar veröffentlichen

Q

que* dass

quedar mal/bien* schlecht/gut werden

el/la **quinto/-a*** *(+ sust.)* der/die/das fünfte *(+ S.)*

quitar algo* etw. entfernen

R

la **radio*** *f.* das Radio

recordar algo (o → ue)* sich an etw. erinnern

la **red*** das Netz (Internet)

la **red social** das soziale Netzwerk

rellenar algo* etw. ausfüllen

el **resultado*** das Ergebnis

el/la **rival** der Rivale, die Rivalin

S

sacar punta a algo* etw. anspitzen

seguir folgen

el/la **segundo/-a*** *(+ sust.)* der/die/das zweite *(+ S.)*

la **selección** *hier:* die Nationalmannschaft

la **semana que viene*** kommende Woche

la **serie** die Serie

si* ob

el **silencio** die Ruhe, die Stille

sin embargo* trotzdem

la **situación,** las **situaciones*** *pl.* die Situation

estar **solo/-a*** alleine sein

la **solución,** las **soluciones*** *pl.* die Lösung

sonar klingeln

la **sonrisa** das Lächeln

subir algo* *hier:* etw. hochladen

el **sueño** der Traum

el **susto*** der Schreck(en)

T

la **tabla de planchar*** das Bügelbrett

tapar algo* etw. bedecken

la **técnica** die Technik

el **tema** das Thema

tener algo claro sich über etw. im Klaren sein

el/la **tercero/-a*** *(+ sust.)* der/die/das dritte *(+ S.)*

totalmente total

triste traurig

el **tutorial*** das Tutorial

U

el **uso** der Gebrauch

V

la **ventaja*** der Vorteil

virtual virtuell

la **viruta*** der Span

la **votación** die Abstimmung, die Wahl

votar wählen

el **voto** die Stimme

¡Apúntate! 2

¡Desconecta!

Manuel Vila Baleato

Illustrationen
Rafael Broseta

Redaktion
Kristina Kremer, Heike Malinowski (Projektleitung)

Umschlaggestaltung
werkstatt für gebrauchsgrafik, Berlin

Layout und technische Umsetzung
orangerie · grafikdesign, Berlin

Hörbuch
Tonaufnahmen: Lucentum Digital
Sprecherin: Carmen Rubio

www.cornelsen.de

1. Auflage, 4. Druck 2024

Alle Drucke dieser Auflage sind inhaltlich unverändert und können im Unterricht nebeneinander verwendet werden.

Druck: H. Heenemann, Berlin

ISBN 978-3-06122285-7

PEFC/04-31-1156

PEFC zertifiziert
Dieses Produkt stammt aus nachhaltig bewirtschafteten Wäldern und kontrollierten Quellen.

www.pefc.de